O editor-chefe

Direção Geral:	Julio E. Emöd
Supervisão Editorial:	Maria Pia Castiglia
Revisão de Texto:	Maria Lúcia G. Leite Rosa
Editoração Eletrônica:	Mônica Roberta Suguiyama
Ilustrações e Capa:	Herrero
Impressão e Acabamento:	R.R. Donnelley América Latina

O editor-chefe

Rua Joaquim Távora, 629
04015-001 São Paulo – SP
Promoção: (011) 5084-2482 e 5571-1122. Fax: (011) 5575-6876
Vendas: (011) 5549-2244 e 5571-0276. Fax: (011) 5571-9777

ISBN (coleção) 85-294-0136-0
ISBN 85-294-0249-9

Impresso no Brasil *Printed in Brazil*

O editor-chefe

Teresa Cristina Cume Grassi-Leonardi
Regina Christina Wielenska

Ilustrações:
HERRERO

editora HARBRA

Você sabe o que é uma Feira de Ciências?

Pois é. Lá na minha escola, todo ano cada classe recebe um projeto para trabalhar durante o ano inteiro e, no último semestre, montamos a Feira.

Vem gente do bairro inteiro. Dá o maior trabalho, mas é bastante legal.

Hoje, todos os alunos estão agitados, pois temos de escolher qual vai ser o tema do nosso projeto desse ano. Vera, nossa professora, já está na classe, escrevendo as idéias de cada aluno no quadro. Nossa, a lousa ficou repleta!

— Ei, pessoal – disse a professora –, agora cada um de vocês vai escolher as duas idéias de que mais gostou.

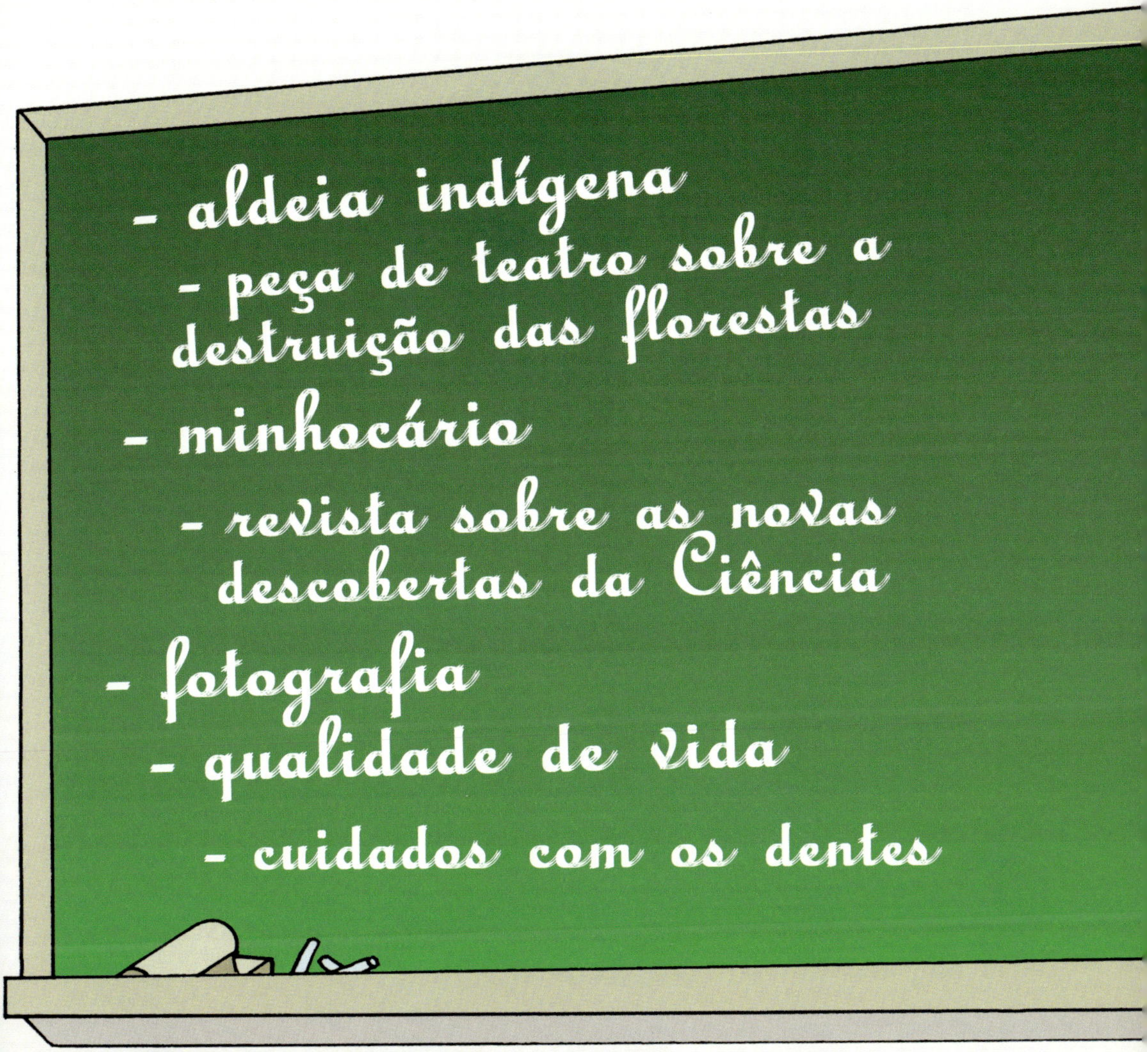

Os alunos foram dando sugestões, enquanto a professora fazia a contagem na lousa.

Eu acho a idéia que eu tive genial: montar uma revista sobre as mais recentes descobertas científicas. Não é uma idéia fantástica? Tudo bem que foi o meu tio Marcelo, que é editor-chefe de uma revista superfamosa, quem me ajudou a ter a idéia, mas eu realmente acho que vai ser muito legal. Se a minha idéia for escolhida, quem sabe eu posso ser o editor-chefe, como o meu tio. Acho que ele ia ficar muito orgulhoso de mim.

Ai, essa agonia pode matar um cara, sabia?

— As mais votadas são... são...

A professora apagou a lousa e reescreveu as três mais votadas.

É isso aí!!! A minha idéia está entre as três!!! Que demais!!!

— Pois bem, agora nós temos a importante tarefa de escolher apenas um dos três temas selecionados – disse Vera.

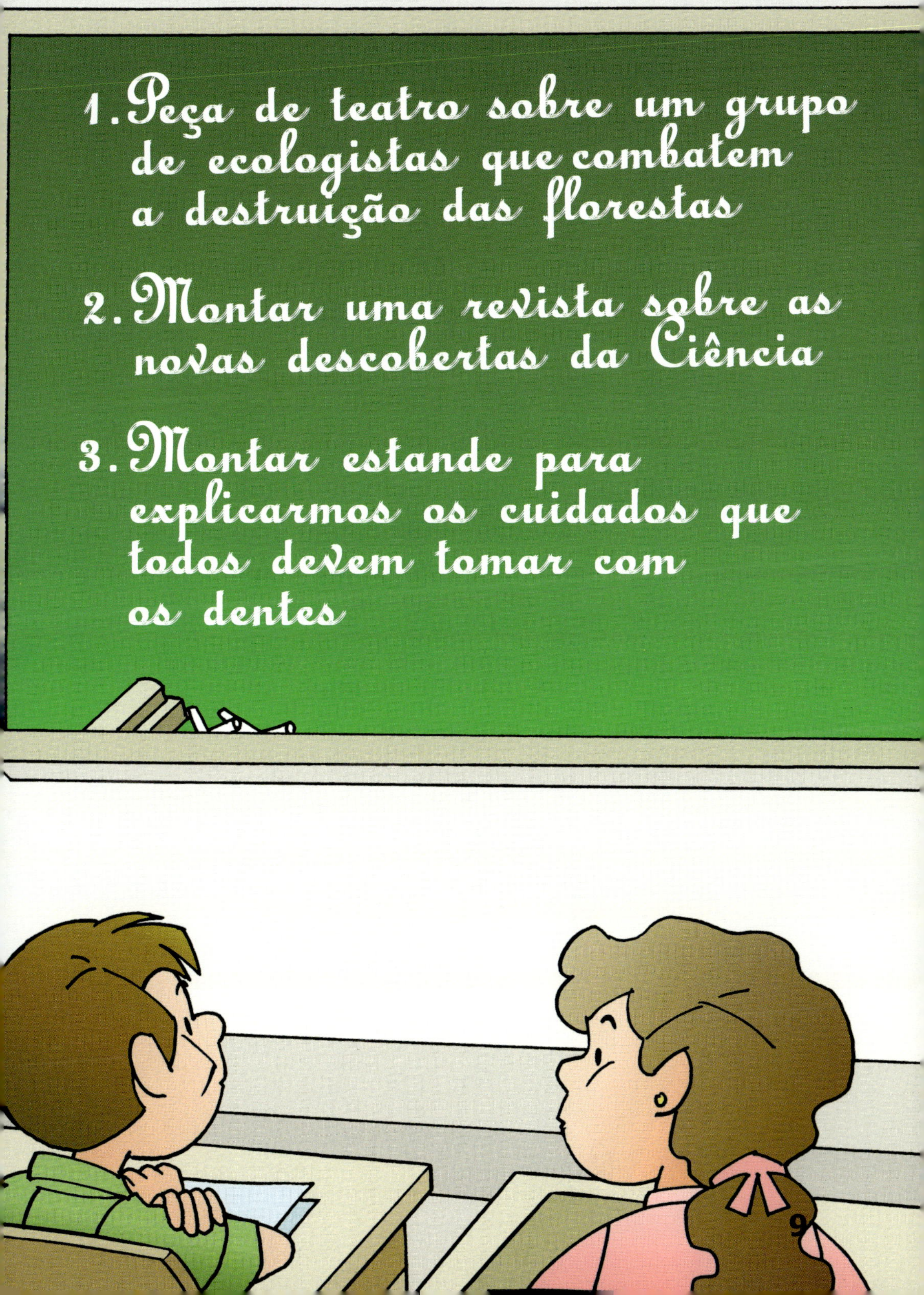
1. Peça de teatro sobre um grupo de ecologistas que combatem a destruição das florestas
2. Montar uma revista sobre as novas descobertas da Ciência
3. Montar estande para explicarmos os cuidados que todos devem tomar com os dentes

Você escolheria qual? A número 2, não é mesmo? Tudo bem que as outras idéias também são boas, mas no ano passado minha classe montou uma peça de teatro e fazer coisas diferentes é muito melhor. Quanto aos dentes, sei que a idéia é boa, mas não vou fornecer argumentos aos meus pais para quando eles reclamarem que eu me "esqueci" novamente de passar o fio dental...

Vamos lá... vamos lá...

— **M**ariana.

— Número dois.

— Pedro.

— Número dois.

Puxa, parece uma eternidade... Ops, já estão apurando os votos. Ganhei! Ou melhor, minha idéia foi escolhida. A maioria da classe votou a favor da revista.

Agora temos de ligar o motor e acelerar. A gente vai mostrar como se faz uma revista de verdade!

— Rafael, venha aqui explicar para a classe como você pensou montar a revista.

Ainda bem que o tio Marcelo havia me explicado tudo direitinho. Prestem atenção na explicação do papai aqui.

— Além de definir uma boa pauta, ou seja, de escolher direitinho as matérias que vão fazer parte da revista, é preciso ter uma equipe, muito bem organizada, e que conheça tudo que foi feito, pois no dia da feira todo mundo vai ter que saber explicar.

Para montar a equipe, vamos precisar de:

- Um grupo que vai ficar encarregado de fazer a pesquisa e escrever as matérias.
- Alguém para tirar fotos, para ilustrar as matérias. A fotografia é a alma da revista. Se as fotos não forem legais, não dá nem vontade de ler.

- Gente que saiba mexer direitinho no computador para poder montar a revista do jeito que ela vai ficar.
- Alguém para procurar quem queira anunciar na nossa revista para, com o dinheiro, a gente poder pagar o papel e a tinta que vai gastar.

- Alguém tem que levar o material para tirar as cópias, que pode ser numa máquina de xerox.

- Precisa ter gente para montar as revistas e depois entregar para as pessoas durante a feira.

- É preciso, ainda, escolher um editor-chefe, para organizar tudo.

Expliquei direitinho?

— Pois bem, agora temos de votar para escolher quem vai ocupar cada cargo, ou fazer parte de cada grupo – disse a professora.

Bom, se escolheram a idéia que é minha, nada mais lógico que me escolham para ser o chefe. Você não concorda comigo?

Olha lá, a professora está pedindo para que, antes de votar, a gente bata um papo sobre como deve ser a pessoa para cada um dos cargos que eu falei, pois somente assim a coisa pode funcionar bem. Até parece. É claro que eu sou o melhor para o cargo de CHEFE! Olhe para mim... você também não acha que eu seria um chefe genial?

Para evitar problemas, a professora achou melhor fazer uma votação secreta!

Explicou que cada um teria de votar marcando os nomes de quem quer para cada cargo em um papel chamado cédula. Depois, dobraria o papel ao meio e colocaria numa caixa. Dessa maneira, as pessoas poderiam votar em quem quisessem, sem que ninguém soubesse quem votou em quem.

Você consegue adivinhar em quem eu vou votar para chefe? Hi, hi, hi.

EU VOU GANHAR,
OU EU NÃO ME
CHAMO MAIS RAFAEL.

— **P**ronto, vamos começar a apuração. Silêêêncio! Vamos acompanhar.

— ... Esse não votou em mim! Será que pelo menos esse? ... Nem esse? Não deu! PUXA, me escolheram para fotógrafo! Vou ter que mudar de nome! Mas espera um pouco, eu só consegui um voto? Só eu votei em mim? E o Cadu? Nem o meu melhor amigo votou em mim?

Você pode acreditar numa coisa dessas? Mas não há de ser nada. Na saída eu me entendo com ele.

Traído! Eu podia esperar ser traído por todo mundo, mas pelo Cadu, nunca!

Pronto! Não bastasse eu ser um derrotado, ainda vou ter que contar para o tio Marcelo o que aconteceu. Você não acha que é demais para qualquer um?

— Oi, Rafa. E aí, seu projeto foi escolhido?

— Foi sim, tio.

— Mas, então, por que você não parece feliz?

— Aprontaram comigo, tio, levei a maior rasteira da minha vida. Até o Cadu me traiu.

— Mas o que aconteceu?

— Foi o seguinte, a classe topou a idéia e fizeram uma votação para ver quem seria o quê. Eu tinha certeza de que ia ser escolhido para editor-chefe, mas acabaram me escolhendo para fotógrafo.

— E você não gostou nada disso, não é mesmo? Dá para ver pela sua cara de decepção.

— Eu não estou decepcionado. Estou com raiva, muita raiva, ódio mesmo!

— **É**, eu não conheço os seus colegas de classe, e realmente não sei dizer se a escolha foi boa ou não. O que você deve lembrar é que vocês concordaram em distribuir os cargos da revista através de votação. Pode até ser que a escolha não tenha sido a melhor, mas foi o voto da maioria. Perder faz parte do jogo. Onde foi parar o seu espírito esportivo?

— **E**, cá entre nós, se eu me lembro bem, você foi o maior sucesso como fotógrafo naquele trabalho sobre meio ambiente no ano passado.

— É, eu já nem me lembrava mais disso. É, realmente, aquelas fotos estavam geniais. Descobrir um bom ângulo é comigo mesmo. Mas e daí, o que uma coisa tem a ver com a outra?

— **D**eixe-me continuar o meu raciocínio. Para ser um editor-chefe, você precisa ler muito e, diga-se de passagem, eu sei que você não tem se dedicado muito à leitura.

— Mas tio, eu posso ler bastante. Até que gosto de ler.

— Tudo bem, mas, tem o lado da organização. Você já deu uma olhada em como você cuida do seu material, da sua lição? Você não é a pessoa mais organizada do mundo, não é mesmo?

— Poxa, tio, eu já estou mal e você vem discutir a arrumação das minhas coisas?

— Não é nada disso. Deixe-me terminar. Do que eu falei até agora, você já pode concluir que não tem algumas das características de um bom editor-chefe.

— Mas eu podia tentar...

— Está certo. Por outro lado, você é capaz de fazer muitas coisas bem e já demonstrou que sabe tirar fotos excelentes. Talvez a maioria dos seus colegas tenha considerado que você seria mais importante para a revista nesse cargo.

— Mas pelo menos o Cadu podia ter votado em mim. Por amizade... será que custava ele votar em mim?

— Você está aí questionando a amizade do Cadu, mas e você, que tipo de amigo você é? Será que você não percebeu que está tirando do seu melhor amigo o direito de uma opinião diferente da sua? Será que o fato de não concordar com tudo o que você quer faz dele um mau amigo? Vamos refrescar um pouco a memória, mocinho? Quando você quebrou o braço, quem foi que copiou a matéria no seu caderno todos os dias? E quando você operou a garganta, quem perdeu o show do Cerejas com Mostarda só para não largar você sozinho no final de semana? Isso sim é coisa de amigo, e dos bons.

— É, você tem razão. Amanhã vou falar com ele.

— **S**abe, vou lhe contar um segredo: eu não fui editor-chefe a vida inteira. No começo, eu era repórter fotográfico. E dos bons! Às vezes, eu sinto muita saudade daquele tempo.

— Jura, tio? Então eu vou ser o melhor fotógrafo do planeta, que nem o meu tiozão aqui! Você vai me dar umas dicas, não vai?